Los trompos de Tomás

Escrito por **Elena Castro, Barbara Flores y Eddie Hernández**

Celebration Press

An Imprint of Addison-Wesley Educational Publishers, Inc.

Tomás tiene muchos trompos.

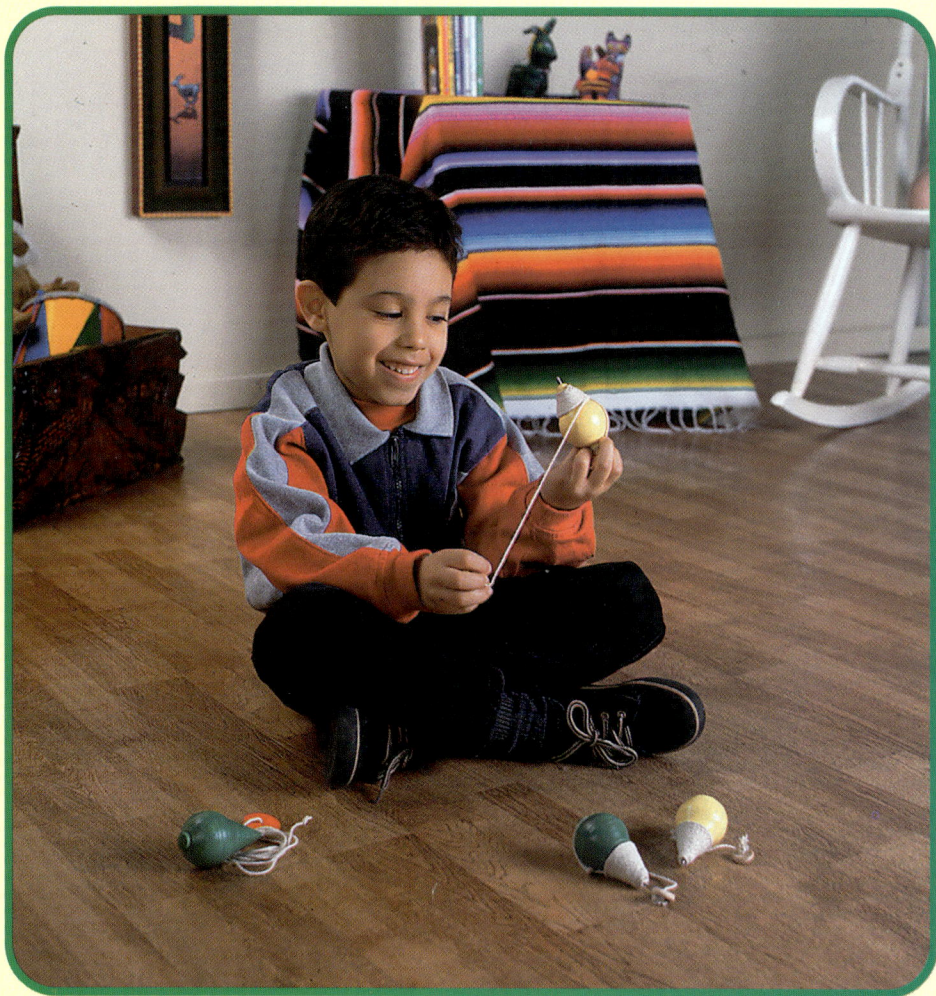

Tiene trompos verdes
y trompos amarillos.

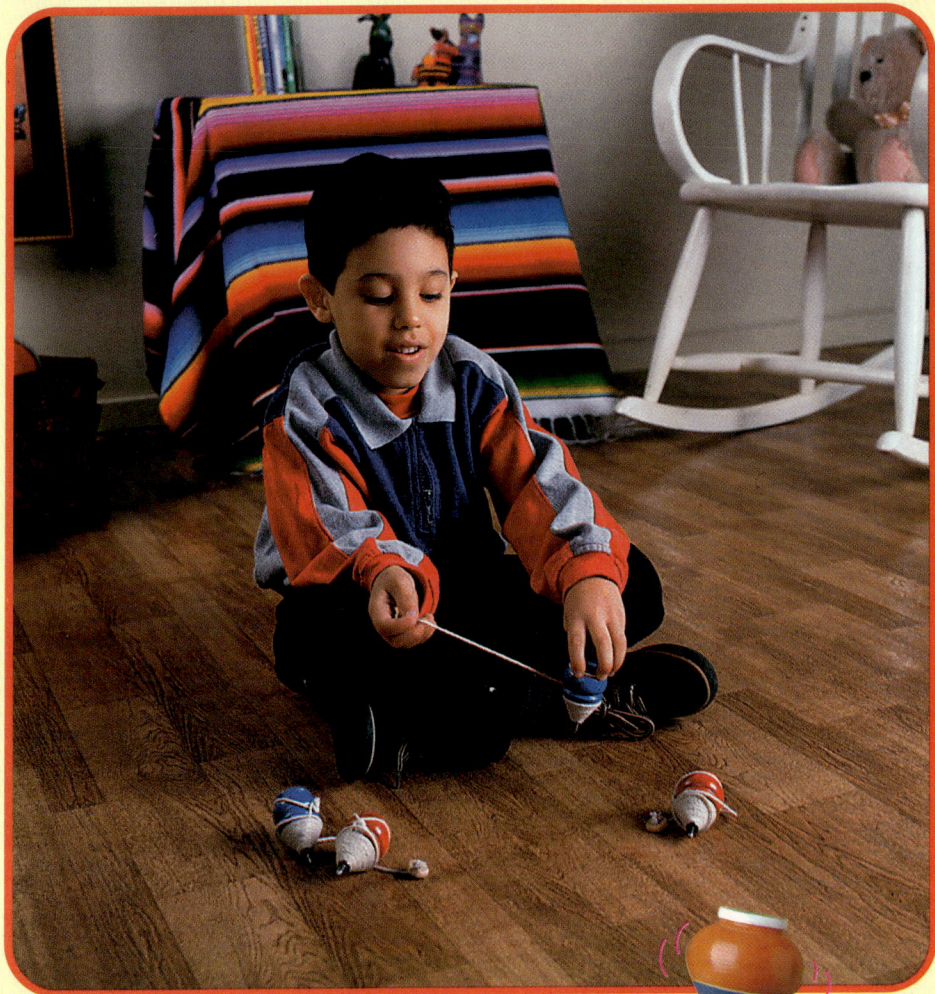

Tiene trompos rojos
y trompos azules.

Tiene trompos con rayas
y trompos con flores.

Tomás baila los trompos
con sus amigos.

¡Mira cómo bailan los trompos!